Liberté, Égalité, Fraternité

La collection *Le 1 en livre*
est dirigée par Éric Fottorino

L'intégralité de ces textes a été publiée par *Le 1*.
www.le1hebdo.fr

www.editionsdelaube.com

ISBN 978-2-8159-4389-5

Cynthia Fleury
Mona Ozouf
Michelle Perrot

Liberté, Égalité, Fraternité

éditions de l'aube

Avant-propos

Même s'il est beaucoup question d'égalité dans cet ouvrage, osons écrire que les pages réunies ici nous offrent une manière de privilège : entendre ces trois voix exceptionnelles que sont les historiennes Mona Ozouf et Michelle Perrot, avec la philosophe et psychanalyste Cynthia Fleury. L'idée de rassembler ces propos de haute pensée s'est imposée à nous après qu'à l'été 2020, sortant à peine d'un premier confinement qui en annonçait déjà d'autres, nous avions consacré trois numéros successifs du *1* à la devise républicaine. Une année s'est encore écoulée, rythmée par la pandémie mortelle qui a continué à faucher des vies tout en restreignant les libertés des vivants. Le virus n'a cessé de mettre à l'épreuve nos existences, les corps physiques, mais aussi le corps social, les liens familiaux et amicaux. Et aussi les institutions comme l'hôpital, l'Université ou l'école, sans oublier le monde de l'entreprise.

Ont également été remises en question ces notions qui n'ont rien de formel quand on entre dans le concret. La liberté d'aller et de venir, de se réunir, de partager des moments en commun, dans une salle de spectacle ou dans un stade de football, ou simplement avec les siens quand les distances deviennent des obstacles. L'égalité de traitement lorsque l'on est malade, selon l'affection dont on souffre, selon notre âge ou notre lieu de résidence, pour recevoir un vaccin, pour bénéficier d'une opération. La fraternité aussi, malmenée par cette distanciation sociale qui éloigne quand l'on voudrait tant se rapprocher, qui interdit les gestes de réconfort envers celles et ceux qui en auraient tant besoin, jeunes – et moins jeunes – isolés, personnes âgées dans les EHPAD. À force de concentrer l'essentiel de nos existences derrière des écrans, notre humanité technologique aura mesuré les limites du « distanciel », et les vertus du « présentiel ». Lire les entretiens des trois personnalités réunies dans ce recueil procure beaucoup d'apaisement par la profondeur de la réflexion comme par l'humanité des réponses, par la combativité aussi que suppose la défense de chaque terme de la devise républicaine. Voilà pourquoi, nous lecteurs, sommes des privilégiés.

Éric Fottorino
Directeur de l'hebdomadaire *Le 1*

La liberté a deux ennemis : les circonstances extraordinaires et le salut public

*Mona Ozouf**

* *Le 1* n° 305, « Liberté », 14 juillet 2020.

Pouvez-vous retracer en quelques mots l'histoire de la devise, Liberté, Égalité, Fraternité *?*

Difficile, parce que l'histoire est longue. Il faut d'abord abandonner l'idée, fort répandue, que la devise surgit tout armée de la Révolution française. Certes, les mots de liberté et d'égalité sont alors partout : sur les lèvres des orateurs, sur le papier des affiches ou sur la faïence des assiettes. Ils sont apparus côte à côte dès la Déclaration des droits, mais ils voisinent avec des abstractions qui les concurrencent – Vérité, Sûreté, Justice. Ils peinent donc à s'agréger en devise, et ne parviennent pas à la dignité institutionnelle.

Dès lors, on peut s'attendre à ce que cette triade incertaine ait une histoire contrastée dans un XIXe siècle agité où pas un régime ne dure plus de dix-huit ans. Le Premier Empire garde de ses origines le mot de Liberté, mais tend à l'équilibrer – ou, comme on voudra, à l'assassiner – en lui adjoignant celui d'Ordre public. Les deux monarchies restaurées bannissent à la fois l'égalité et la liberté. La monarchie de Juillet, bien que née d'une révolution – et qui le sait au point d'en adopter le nom et de garder les trois couleurs –, recule pourtant devant la devise. C'est une autre révolution, celle de 1848, et l'avènement d'une république nouvelle, qui l'inscrit enfin dans le texte constitutionnel et – c'est là son apport décisif – lui donne, en lui adjoignant la fraternité, son rythme ternaire. Triomphe éphémère cependant : le coup d'État de 1851 ramène, avec l'Empire, la prédilection pour l'ordre public. Il faut donc attendre encore la défaite de 1870, la difficile installation d'une République troisième du nom pour voir, en 1880, la devise se pérenniser et acquérir l'évidence qu'elle a pour nous aujourd'hui. Encore devra-t-elle subir un dernier outrage, abandonnée au profit de bien plus prosaïque : le *Travail, Famille, Patrie* d'un vieux maréchal.

Quelles ont été les principales sources d'inspiration ?

Multiples. On pense d'abord à l'exemple américain, qui avait joué un rôle dans l'élaboration de la Déclaration des droits, mais l'inspiration de la devise venait d'une longue préhistoire. Les Lumières, pour commencer. Au cours du siècle précédent, la lutte contre l'absolutisme avait été menée au nom des libertés, et l'innovation de la Révolution est d'avoir abandonné le pluriel – qui avait partie liée avec les droits historiques et les privilèges particuliers – pour l'universalité du singulier, une liberté pour tous. On peut encore penser à l'héritage de la maçonnerie : le goût des abstractions ternaires avait, selon George Sand qui le raconte dans *Consuelo**, voyagé souterrainement à travers les sectes et les

* George Sand, *Consuelo*, Paris, L. de Potter, 1843.

sociétés secrètes. Il y a, enfin, les racines chrétiennes. Chateaubriand conclut les *Mémoires d'outre-tombe** par une prophétie : la « religion du libérateur », à ses yeux loin d'être épuisée, entre à peine dans sa troisième période, politique celle-ci, et se résume en trois mots : *Liberté, Égalité, Fraternité.* De cette inspiration évangélique, il y a une scène remarquable : place des Vosges, en 1848, Hugo préside à la plantation d'un arbre de la liberté. Le premier d'entre eux, dit-il, n'est autre que la « croix sur laquelle Jésus s'est offert en sacrifice pour la liberté, l'égalité et la fraternité du genre humain** ».

En quoi ces trois valeurs se complètent-elles ?

C'est peu dire qu'elles se complètent. On peut soutenir, c'est le cas pour la

* François-René de Chateaubriand, *Mémoires d'outre-tombe*, Paris, Penaud frères, 1848.

** Victor Hugo, Discours lors de la plantation d'un arbre de la liberté sur la place des Vosges, 2 mars 1848.

liberté et l'égalité, qu'elles ne sauraient exister l'une sans l'autre. Être libre, c'est pouvoir agir selon les buts qu'on s'est fixés et ne pas subir la contrainte. À la seule condition, toutefois, de ne pas nuire à la liberté d'autrui. C'est évidemment admettre que cet autrui jouit d'un droit égal à l'indépendance, et c'est établir une circularité entre les deux valeurs : des êtres pareillement libres sont nécessairement égaux. Qu'est-ce qu'une société, se demande Sieyès, où les hommes seraient plus ou moins libres ?

De la fraternité, en revanche, on peut dire – et on l'a beaucoup fait – qu'elle complète les deux autres. C'est qu'elle n'est pas du même ordre : pas un droit, mais un devoir, une volonté vertueuse ; un facteur d'union, quand la liberté porte en elle la dissidence. On la célèbre donc comme une conjuration de l'égoïsme contenu dans l'individualisme des droits ou comme la résolution affective des conflits qui peuvent s'élever entre la liberté et l'égalité.

Lesquels ?

En réalité, les deux valeurs ne sont sœurs siamoises qu'au ciel des idées abstraites ; transportées sur le sol de la vie concrète, il leur arrive de contraindre les hommes à arbitrer péniblement entre elles. Voyez les Constituants. Il leur est arrivé de sacrifier la liberté à l'égalité : l'égalité des partages dans les successions a eu raison du libre droit du père de famille à avantager tel ou tel de ses enfants. Mais il leur est arrivé, tout à rebours, de sacrifier l'égalité à la liberté : convaincus que des êtres dépendants d'autrui ne sauraient voter librement, ils ont adopté le vote censitaire qui écarte les non-propriétaires du corps politique et blesse décisivement l'égalité.

La disjonction des termes n'a donc pas été inventée par des historiens révisionnistes hostiles à la Révolution, elle a été vécue par les contemporains eux-mêmes. Songez seulement au calendrier : 1789 ouvre l'an I de la liberté, suivi, après le 10 août 1792, de l'an I de l'égalité, si bien qu'une même journée, en 1793 par exemple, peut être datée de l'an II de l'égalité et de l'an IV de la liberté. Chacune des deux valeurs a donc son moment.

Se sont-elles imposées d'elles-mêmes ?

Évidemment pas, puisqu'il a fallu un siècle à la devise pour se pérenniser, et l'histoire chaotique du XIXe siècle suffit à en comprendre les raisons. L'instabilité vient aussi des penseurs et des philosophes. Tantôt ils bannissent les trois termes à la fois, tantôt ils leur adjoignent un terme susceptible d'en amortir la charge subversive. Parfois, au gré des goûts et des dégoûts personnels, ils ôtent à la devise un ou deux de ses pieds. Lamennais, qui montre peu de tendresse à l'égalité, suggère même de s'en tenir à *Liberté, Fraternité*. Parfois encore, l'époussetage de la devise entraîne avec lui deux termes : Babeuf ne souhaite sauver que la valeur d'égalité, à condition de la déclarer « parfaite ». Proudhon, lui, serait heureux avec la seule liberté, comme Vacherot, républicain rigoureux. Tantôt, enfin, ils se contentent de bricoler l'ordre de la devise. Pour Cabet, utopiste conséquent, liberté est le terme anarchique à mettre en veilleuse : ce sera *Fraternité, Égalité, Liberté*. Et pour Pierre Leroux, la fraternité afficherait mieux son rôle conciliateur si on la plaçait au mitan de la devise : cette fois, donc, *Liberté, Fraternité, Égalité*.

Vous avez pu écrire que cette devise était chargée d'ambiguïtés. Lesquelles ?

Il y a d'abord l'incertitude liée au caractère double de chacune des valeurs. Car il y a une liberté négative, le droit de faire tout ce qui n'est pas défendu par la loi, mais aussi une liberté positive, le droit de concourir à la loi, une liberté de participation à l'action collective. Même chose pour l'égalité : celle des droits égaux, mais encore, comme le suggère Babeuf, celle des biens et des accomplissements égaux ; formelle pour la première, réelle pour la seconde, distinction promise à un bel avenir dans notre pensée politique. À cette ambiguïté constitutive s'ajoute la tension permanente introduite par la liberté. Comme toute revendication individuelle peut prétendre à devenir un droit, la liberté est source de divisions. La liberté, c'est le libre examen, le droit de dire son désaccord, de se désaffilier – Baudelaire dit lapidairement qu'elle est « le droit de s'en aller* » –, et cette capacité de faire sécession se marie mal à l'égalité, plus mal encore à la fraternité. À l'horizon de celle-ci flotte le rêve, ou l'illusion, d'un bonheur susceptible d'être défini et collectivement poursuivi : rien de plus antipathique à l'indépendance du libre examen.

Liberté d'abord, est-ce pour donner la primauté à la liberté ?

Qu'elle soit antécédente, apparue précocement dans les combats contre le despotisme, nul ne peut vraiment en douter. Cette antécédence est-elle aussi une

* Charles Baudelaire, Préface aux *Histoires extraordinaires* d'Edgar Allan Poe, in *Œuvres complètes*, Paris, Gallimard, Bibliothèque de la Pléiade, t. II, 1976, p. 249-287.

primauté ? La pensée républicaine en a été convaincue. Le dictionnaire de Pierre Larousse l'affirme comme une évidence : « Soyons libres d'abord* ! » On peut plaider en effet que la liberté, droit naturel dévolu à l'homme antérieurement à toute société, est le chemin d'accès aux deux autres valeurs : seul un homme libre peut entreprendre de réclamer l'égalité, de pratiquer la fraternité. Par ailleurs, elle donne de la valeur à tout le reste de l'existence : qu'est-ce qu'un amour sans liberté ?

Pour réserver à la liberté une tendresse particulière, il y a encore le rapport qu'elle entretient avec la diversité. Comme elle autorise chacun de nous à définir et à poursuivre ses objectifs particuliers, mais aussi éventuellement à les abandonner et à les remplacer par d'autres, comme elle est une liberté d'errer, éventuellement de choisir le mal, elle fait naître une foule de discordes, de conflits, d'incertitudes et de doutes. Un foisonnement voisin du désordre et,

* Pierre Larousse, *Grand dictionnaire universel du XIXe siècle*, Paris, Larousse, 1863.

de fait, peu apprécié par cette République « une et indivisible » qui s'entend souvent à nous faire porter l'uniforme. Mais tout esprit libre chérit au contraire la diversité des goûts, des opinions et des usages. Il y a une phrase de Thibaudet que j'aime beaucoup. Il fait l'éloge du pluralisme, quand bien même il serait un pluralisme de conformismes, car « La liberté pousserait encore [entre les] interstices, comme la giroflée entre deux pierres*. »

À quelle époque la France a-t-elle le mieux correspondu à cette aspiration à la liberté ?

Sans hésitation, les débuts de la IIIe République et, de 1880 à 1886, les six petites années qui offrent aux Français un bouquet de libertés composé par Jules Ferry et ses amis : celles de la presse, de la réunion, de l'association syndicale, du mariage civil, de l'élection des maires. Toutes ces libertés, tenues pour damnables par l'opinion

* Albert Thibaudet, *Les idées politiques de la France*, Paris, Stock, 1932.

conservatrice, ont transformé profondément le pays et tissent toujours notre vie quotidienne. Si l'on cherchait un événement de notre histoire capable d'être l'emblème de la primauté de la liberté, c'est encore la IIIe République qui nous le fournirait : l'exemplaire affaire Dreyfus, honneur d'un pays capable de sacrifier l'ordre public et sa cohésion à la liberté d'un innocent.

Rien n'est plus éclairant que le débat sur la lecture lors du vote des lois scolaires à la Chambre des députés. Le côté droit croit avoir trouvé le bon argument : étendre la capacité de lire, n'est-ce pas multiplier les lecteurs de livres corrupteurs ? À quoi Ferry répond victorieusement : le contenu des livres importe bien moins que l'acte de lire. C'est lui qui est émancipateur, inutile donc de faire des listes de livres à expurger ou à bannir – nous les voyons pourtant resurgir aujourd'hui sous des oripeaux intégristes, tantôt féministes, tantôt anticolonialistes. Et c'est une joie de lire, sous la plume de George Eliot, que s'il arrive à une fille de « fauter », comme on disait, c'est pour ne pas avoir lu *assez* de romans.

Quel homme politique, écrivain ou écrivaine a le mieux incarné la liberté ?

On serait tenté de répondre par de grands noms : Chalamov, Kouznetsov, Robert Antelme. Je vais choisir moins écrasant : Édith Thomas, historienne et romancière. Elle avait quitté le catholicisme pour le protestantisme, la paix de l'École des chartes pour la Résistance, adhéré au parti communiste en 1942 et connu – moment éblouissant pour cette solitaire – la fraternité chaleureuse des camarades. Mais le témoin critique qui veillait en elle la contraint bientôt à se séparer d'eux. Elle connaît alors ce qu'Edgar Morin, de son côté, a si bien décrit : visages clos, amis devenus sourds et muets, solitude. Quitter le Parti, c'est la mort, Jacques Duclos le lui avait dit. Et c'est bien ainsi qu'elle le vit, désespérée, déterminée pourtant à payer ce prix pour la liberté.

La période du confinement a été marquée par une limitation de nos libertés individuelles. Est-ce une atteinte légitime à la liberté ? Une démocratie peut-elle l'accepter ?

La liberté a deux ennemis : les circonstances extraordinaires et le salut public. C'est une vieille affaire. Les circonstances extraordinaires – la guerre, la guerre civile, le foisonnement, réel ou imaginaire, des ennemis de la Révolution – mènent tout droit à la suspension des libertés. Pas de liberté pour les ennemis de la liberté, disent Saint-Just et Robespierre. Quant au « salut public », il avait déjà servi sous l'Ancien Régime à renforcer l'autorité du roi. Sous la Révolution, les images du territoire envahi et de la patrie en danger autorisent une dictature de fait exercée au nom du peuple, au mépris des procédures formelles de la démocratie, et pour le Bien collectif : c'est toujours en l'invoquant qu'on a muselé ou assassiné la liberté. Quand la peur domine les esprits, le principe étatiste triomphe à tout coup du principe individualiste.

Y sommes-nous ? L'épidémie nous a privés de notre liberté d'aller et venir, et de nous réunir. Toujours au nom du bien collectif, et en obtenant une fois encore notre consentement. Attention pourtant. Ce consentement nous a-t-il été extorqué par la peur, ou par le mensonge, comme on l'a beaucoup, mécaniquement et injustement, dit ? Je persiste à penser qu'il nous a été inspiré par cet assentiment raisonné, non au Bien, mais au préférable, qui, en démocratie précisément, s'appelle liberté.

Reste une condition essentielle pour que nous maintenions cette acceptation raisonnable : la limite temporelle mise à l'ajournement des libertés. Tout pouvoir a tendance à la prolonger.

Quels risques le traçage à but sanitaire nous fait-il courir ?

Le traçage est quelque chose que le vagabondage électronique m'a fait connaître. Un clic négligent sur le net, et me voici poursuivie par des publicités intempestives. Il arrive aussi que des amis bienveillants m'annoncent, sûrs de me faire plaisir, qu'ils ont mis une alerte à mon nom, histoire de me suivre dans mes déplacements. Ils ne savent pas quelle petite panique intérieure ils font naître chez moi, et sur laquelle je m'interroge : aurais-je quelque chose à cacher ? La réponse est oui, à préserver tout au moins : quand on sait que la transparence peut être meurtrière, on est porté à faire l'éloge de l'ombre.

Pour éviter que veiller ne se transforme en surveiller, reste donc à réclamer des garanties pour ces fichiers. La première est qu'ils aient vocation à être, le plus vite possible, abandonnés. Il faut encourager la multiplication de garde-fous.

Le comportement des Français face aux atteintes à la liberté vous surprend-il ?

S'il s'agit d'expliquer que les Français consentent volontiers au grignotage de leurs libertés, on dispose de beaucoup d'explications dues à de très bons auteurs, comme Antoine-Marie Roederer ou Edgar Quinet. Le premier nous dit que, bien qu'inséparables, la liberté et l'égalité ont été inégalement affectionnées par les nations, et que les Français ont choisi l'égalité, moins encore pour en retirer un profit matériel que pour échapper – remarque profonde – à l'humiliation, insupportable à un peuple particulièrement susceptible. Le second voit dans tout le cours de l'histoire française la propension à poursuivre la chimère détestable d'une égalité sans liberté. Mais le plus surprenant est pour moi ailleurs : la docilité raisonnable et confiante montrée au confinement par nos compatriotes s'est accompagnée d'une défiance sans précédent à l'égard de ceux qui la mettaient en œuvre. Le mariage de cette méfiance avec cette confiance est l'énigme des temps que nous vivons.

Propos recueillis par Éric Fottorino

L’égalité est un but, un chemin, une bataille

*Michelle Perrot**

* *Le 1* n° 306, « Égalité », 22 juillet 2020.

Qu'évoque pour vous le mot égalité ?

Spontanément, je pense au droit, à l'importance des droits – ce que mon marxisme ultérieur ne m'a jamais fait oublier. Je pense aussi situation réelle. À la distinction classique, voire un peu éculée, « droits formels, droits réels ». Dans la situation actuelle, deux images me viennent à l'esprit : les enfants, les détenus.

Comment ces droits ont-ils émergé ?

Dans l'absolu, ils devraient être inhérents à la condition humaine – « Les hommes naissent et demeurent libres et égaux en droits » –, mais la conscience des inégalités est un long processus. Fruit d'une très longue histoire, elle n'est nullement spontanée. La notion de droit est apparue lentement. Elle s'est formalisée juridiquement à travers les trois grandes révolutions – anglaise, américaine et française. L'égalité n'est pas une réalité mais un objectif, un but qu'il faut toujours poursuivre. Un chemin, une bataille. Pour acquérir des droits, il a fallu que les inégaux, les hors-droit – esclaves, serfs, pauvres, prolétaires, prisonniers, femmes, Noirs, etc. – se battent.

Quand on pense égalité, on pense aussitôt inégalités. De tous ordres : biologiques (le « capital génétique »), sociales, culturelles, ethniques, d'âge, de genre, etc. La situation des enfants aujourd'hui met en relief l'inégalité sociale et culturelle. Elle concerne en particulier les décrocheurs, qui peut-être n'arriveront pas à rattraper leur retard ; ceux qui ont faim parce qu'ils n'ont plus de cantine scolaire ; ceux qui ont été violentés. J'ai été très frappée par cet enfant de six ans, Daoudja, que son père a battu et tué pendant le confinement. Je pense aux enfants non désirés parce que des femmes n'ont pu avoir accès à l'IVG et qui, peut-être, ne retrouveront jamais l'élan du désir initial. Quant aux détenus, la crise du Covid-19 a mis en relief la situation catastrophique des prisons depuis des années, avec la surpopulation considérable dans les maisons d'arrêt. Heureusement, des libérations conditionnelles ont été effectuées, permettant de donner davantage de place aux détenus. On a observé pour une fois une situation intéressante en prison. Pour combien de temps ? Et, en ce jour du 14 juin*, comment ne pas penser aux Noirs américains, français ou autres, victimes de violences mortelles qui signalent si cruellement leur inégalité ?

L'égalité, ça existe ?

Oui, dans les principes, dans l'importance reconnue à chaque être humain. Les principes sont importants et pas seulement « formels » : les mots, les symboles, le droit… sont une réalité, un niveau de réalité, et pas uniquement une « superstructure », comme le marxisme

* Date de l'entretien.

le disait autrefois. Mais dans la réalité du quotidien, dans la matérialité des faits, c'est autre chose. L'inégalité l'emporte.

L'égalité existe-t-elle ? On ne peut la peser avec une balance. Il y a des périodes plus favorables, des moments de croissance économique, et donc de détente de la société, où des potentialités pour l'égalité, en particulier entre les sexes, peuvent se développer. Les crises, au contraire, produisent des crispations et ont souvent tendance à creuser les inégalités. Les plus favorisés s'en sortent mieux et, parmi les défavorisés, ceux qui le sont le moins ont tendance à s'enfoncer.

Cette période de confinement a-t-elle été plus préjudiciable aux femmes, dont on a vu les conditions de vie altérées par l'augmentation des tâches domestiques ?

La situation des femmes est contradictoire. D'une part, on a assisté à un accroissement de leurs charges domestiques et salariales, comme dans les hôpitaux, sans parler de l'augmentation avérée des violences conjugales… D'autre part, les femmes ont bénéficié d'une visibilité accrue. La crise a rendu visible ce travail quotidien, d'habitude invisible, sans lequel la société ne peut exister, croître, se développer – et dont on parle si peu. C'est important, cette visibilité, cette parole dite. On a entendu des soignantes, des caissières à qui, pour une fois, on demandait de parler, à qui on tendait le micro. Elles s'exprimaient, savaient le faire, et étaient heureuses de le faire. Car en matière d'égalité, si les conditions matérielles sont importantes, la dignité, la recognition, le sont aussi. La reconnaissance de leur utilité a soudain redonné un sens à leur vie, qui existait déjà, mais qu'elles ne voyaient peut-être pas en raison de la déconsidération sociale dont elles faisaient habituellement l'objet. La crise a ainsi produit des effets négatifs et positifs pour la condition des femmes. Reste à savoir ce qu'on en tirera dans la durée… Le mouvement de l'histoire le montrera.

La notion d'égalité est-elle pour vous associée à la condition des femmes ?

Dans mon histoire personnelle, j'ai pensé social avant de penser genre. J'appartiens à une génération qui devient active au lendemain de la Seconde Guerre. Le social est son horizon. La reconstruction, l'industrialisation, le monde ouvrier, les grèves cimentent une conscience sociale qui valorise le PC, parti de la classe ouvrière, dont on devient militant ou compagnon de route. Ce fut mon cas. J'ai pensé social avant de penser femme – peut-être aussi parce que j'ai eu de la chance avec « mes hommes ». Mon père, mon « patron » à la Sorbonne, mes camarades, mon compagnon, étaient assez égalitaires. Personnellement, je n'ai pas souffert d'avoir été une femme, tout en me rendant compte que l'égalité n'existait pas. Une anecdote : quand j'ai passé l'agrégation – une « agrégation féminine d'histoire et de géographie » –, les épreuves avaient lieu au lycée Victor-Duruy, obscurément, sans aucun auditoire, alors que celles des hommes se déroulaient à la Sorbonne, sous la présidence de Fernand Braudel, avec un public nombreux ! Je me suis rendu compte de la différence ! J'ai été une lectrice de Simone de Beauvoir – *Le Deuxième Sexe* a paru en 1949 – et j'ai pris conscience assez vite de cette inégalité, mais je ne faisais pas de l'égalité entre les sexes une cause. Pour qu'elle le devienne, il a fallu le Mouvement de libération des femmes des années 1970. Il a joué un rôle décisif aussi bien dans mon engagement féministe que dans ma manière de faire de l'histoire.

Que voulez-vous dire ?

Après avoir fait pendant presque vingt ans de l'histoire sociale et ouvrière, je me suis demandé pourquoi je ne rédigeais rien sur les femmes. Alors j'ai entrepris de dissiper ce silence* par des cours et des recherches, personnelles et collectives,

* Michelle Perrot, *Les femmes ou les silences de l'histoire*, Paris, Flammarion, 2020 [1996].

comme *l'Histoire des femmes en Occident**, publiée en 1990-1991 avec Georges Duby et toute une équipe. Écrire l'histoire des femmes, c'était changer d'objet, mais aussi de démarche, de questionnement, voire de point de vue.

Vos travaux ont accéléré une prise de conscience de la société sur la nécessité de reconnaître les femmes au même niveau que les hommes. Cette prise de conscience est-elle plus forte aujourd'hui ?

Je pense que oui. Dans l'université, mais surtout dans la société. Il y a une accélération de la conscience, et aussi de la présence des femmes. La majorité d'entre elles travaillent. Même si elles ont moins d'ambition que les hommes, elles en ont, mais sont, plus qu'eux, confrontées à leur double rôle, privé et public. Comment concilier maternité et profession ? Car les enfants, malgré tout, demeurent leur

* Georges Duby et Michelle Perrot (dir.), *Histoire des femmes en Occident*, 5 vol., Paris, Plon, 1990-1992.

tâche. Dans ces moments, elles réalisent que l'égalité réelle n'existe pas. Il me semble que « la conscience de genre » a progressé dans les dernières années comme l'a montré, par exemple, le retentissement du mouvement #MeToo.

Si on remonte le cours de l'histoire, d'où vient l'idée d'égalité ?

De très loin, mais c'était souvent une égalité sélective, comme celle des citoyens athéniens qui excluait les esclaves et les femmes. Le christianisme abolit la différence des sexes devant Dieu, mais pas dans l'Église, qui demeure un monument du patriarcat ! Sans dérouler toute la pensée de l'égalité, le XVIIe siècle est très intéressant. Les jansénistes, dont Pascal, réfléchissent à l'égalité. Avec leur notion d'intériorité, ils dissolvent les hiérarchies au bénéfice de l'individu. Au même moment, Descartes déclare : « La science n'a pas de sexe. » Ses disciples poursuivront le mouvement, notamment le philosophe François Poullain de La Barre, auteur d'un ouvrage intitulé *De l'égalité des sexes**, un des premiers du genre. À ses yeux, les femmes sont aussi fortes et aussi intelligentes que les hommes. Il y a là un véritable débat philosophique sur la notion d'égalité au nom de la science, qu'a étudié Geneviève Fraisse, notamment dans son livre *Muse de la raison***. La discussion se poursuit au XVIIIe, avec d'autres arguments. Les sciences naturelles jouent un grand rôle, en particulier la notion de vivant. Dans son *Histoire naturelle****, Buffon affirme que les espèces sont égales : mâles et femelles se valent. Les philosophes des Lumières sont relativement égalitaires, mais ils développent l'idée de complémentarité, qui se révèle un piège, dont Rousseau fournit un bon exemple, en enfermant les femmes dans leur fonction maternelle. Comme l'écrit George Sand dans *Isidora*, paru en

* François Poullain de la Barre, *De l'égalité des sexes*, 1673.

** Geneviève Fraisse, *Muse de la raison*, Paris, Gallimard, 1995 [1989].

*** Georges-Louis Leclerc de Buffon, *Histoire naturelle*, 1749.

1845*: « Ce sublime Rousseau n'a pas su en faire autre chose que des êtres secondaires dans la société. Il a fait des nourrices croyant faire des mères. Il a pris le sein maternel pour l'âme génératrice. »

Quels courants de pensée ont défendu l'idée d'égalité ?

Adossée à la Révolution française, dont elle se revendique, la pensée socialiste du XIXe a justement pour objectif majeur de construire cette égalité proclamée, mais non réalisée. C'est ce qui sous-tend ce socialisme que Marx dira utopique. Saint-Simon, Fourier, Cabet, etc., tous ne pensent qu'à ça, de manière fort différente pourtant. Deux exemples plus précis. Un proche de Gracchus Babeuf rédige, en 1796, *Le Manifeste des Égaux***. Son groupe de vétérans de la Révolution s'appuie sur les artisans du faubourg

---

* George Sand, *Isidora*, Paris, Des Femmes, 2004 [1845].
** Sylvain Maréchal, *Le manifeste des Égaux*, 1796.

Saint-Antoine. Le *Manifeste* proclame au sujet de l'égalité :

> Nous la voulons au milieu de nous, sous le toit de nos maisons [...]. Disparaissez enfin révoltantes distinctions de riches et de pauvres, de grands et de petits, de maîtres et de valets, de gouvernants et de gouvernés [...]. L'instant est venu de fonder la République des Égaux, ce grand hospice ouvert à tous les hommes [...]. L'organisation de l'égalité réelle, la seule qui réponde à tous les besoins, sans faire de victimes.

Les Égaux préconisent le communisme : abolir l'héritage, réaliser la communauté des biens, instaurer un minimum vital, supprimer la monnaie. Le Directoire ne pouvait admettre cette subversion totale. Babeuf et plusieurs de ses amis furent guillotinés, les autres, exilés. Ce fut un échec, mais ce courant, repris plus tard par Filippo Buonarroti, a continué à irriguer un extrémisme égalitaire.

Un deuxième exemple, plus modéré, est celui de Pierre Leroux, un socialiste syncrétique, qui essaie de réconcilier le christianisme et la Révolution, tout en promouvant un mouvement coopératif. Il publie en 1843 un livre intitulé *De l'égalité*, réédité en 1848, dans lequel il exprime vouloir passer de l'égalité formelle à l'égalité réelle des droits et dénonce « la dualité généralisée du droit et du fait »*. Il se réclame de la devise révolutionnaire, une « triade », où l'égalité est liée à la connaissance, la liberté à la sensation, et la fraternité aux sentiments ; les trois étant indissociables à ses yeux. Il écrit : « Si vous me demandez pourquoi je veux être libre, je vous réponds parce que j'en ai le droit. J'en ai le droit parce que l'homme est égal à l'homme. » Hostile au communisme, il est résolument réformateur. Son livre est une réflexion sur toutes les formes d'inégalités, en particulier l'esclavage. Abolitionniste, il dit que la peau noire est une peau comme les autres. L'égalité des sexes est à ses yeux fondamentale, d'où son alliance avec

* Pierre Leroux, *De l'égalité*, Genève, Slatkine, 1996 [1845], avec notes de Bruno Viard.

George Sand. Plus que d'autres, il perçoit l'importance de l'art et, selon lui, les inégalités culturelles sont particulièrement pernicieuses. Enfin, l'instruction obligatoire doit être un droit pour le peuple tant elle est un levier pour l'égalité.

Quelles figures incarnent l'égalité ?

Je pense plutôt à des groupes. Un des plus intéressants est celui des Ciompi, à Florence, en 1378. Ces ouvriers de la laine – plutôt des teinturiers, qu'on appelait « ongles bleus » –, considérés comme la dernière catégorie dans les arts de la laine, se sont révoltés et ont même fondé une petite république égalitaire, qui n'a pas duré. Réputés précurseurs, leur égalité était surtout professionnelle, sociale. Le sort des femmes ne les intéressait pas. Le XIVe siècle est aussi la période de la Grande Peste qui, comme beaucoup d'épidémies, a entraîné des soulèvements sociaux considérables. En France, les révoltes de subsistance ont été de tout temps très nombreuses. Ordinairement protestataires, elles dénoncent les privilèges des propriétaires fonciers et, plus encore, ceux des spéculateurs. La figure de Jacques Bonhomme est devenue l'emblème de tous les paysans, les Jacques – il y a sans doute un vieux fond paysan dans l'égalitarisme français. L'apport du mouvement ouvrier est également considérable. On pourrait parler des canuts lyonnais, à l'aube du XIXe siècle. Avec leur fameuse devise, *Vivre en travaillant ou mourir en combattant*, ces ouvriers de la soie, très qualifiés, sont les héritiers de la Révolution française et du mutuellisme, en quête des droits réels. Ils font la jonction avec le mouvement ouvrier qu'incarnera le syndicalisme. Ils parlent des salaires, des conditions et du temps de travail. Ils construisent le « droit du travail », dont l'égalité n'est pas la préoccupation première.

Pourquoi la question de l'égalité s'est-elle cristallisée en France plus qu'ailleurs ?

Immense question à laquelle les théoriciens, Tocqueville par exemple, et les historiens ont tenté de répondre. La Révolution française a cristallisé, codifié cette aspiration à l'égalité et l'a rendue irréversible. Elle couvait dans un XVIIIe siècle où se développe, avec les migrations intérieures et l'urbanisation, une société de mouvement propice aux aspirations nouvelles. La mobilité favorise les comparaisons et stimule le désir d'égalité : changer, avoir plus, être autre chose. Les villes et leur domesticité (voyez *La Vie de Marianne*, de Marivaux*) sont des creusets des idées égalitaires, et d'abord Paris : les artisans et ouvriers du XIXe adorent la ville, dont ils vantent « l'air pur », les migrants viennent y tenter leur chance, on peut même y devenir poète. Parmi ces ouvriers qualifiés, ces artisans, il existe un grand désir d'écrire, de faire de la poésie. Une ambition formidable que Jacques Rancière évoque admirablement dans son livre, *La Nuit des prolétaires***.

* Marivaux, *La vie de Marianne*, 1731.

** Jacques Rancière, *La nuit des prolétaires: archives du rêve ouvrier*, Paris, Fayard, 1981.

La notion d'égalité est-elle ambivalente ?

Bien sûr, car l'égalité c'est aussi l'inégalité. La conquérir, c'est aussi se détacher du monde d'où on vient, prendre sa distance avec lui, voire le mépriser. Elle est ambiguë aussi par cette question : jusqu'où peut-on déplacer la frontière de la liberté pour créer de l'égalité ? C'est le gros problème. Quand *Le Manifeste des Égaux* dit, « abolir l'héritage, abolir la propriété », cela signifie un pouvoir très fort, très niveleur, qui interdira beaucoup de choses. Jusqu'où aller sans abolir la liberté qui est aussi, dit Pierre Leroux, une valeur absolue ? Dans la devise trinitaire, les trois doivent marcher ensemble. Comment ? C'est difficile, y compris avec la fraternité : si on veut échapper à sa condition, c'est aussi qu'on veut fuir la condition des anciens frères. Que signifie avoir de l'ambition par rapport à celui qui est mon égal ou qui est au-dessus de moi ? Que met-on dans l'idée d'égalité ? Autrement dit, quand on a prononcé le mot, tous les problèmes commencent !

Paradoxalement, la France a eu du mal à instaurer l'égalité. Pourquoi est-elle en pointe et en retard ?

Il y a une extraordinaire bonne conscience de la République vis-à-vis des autres peuples, des autres races, et des femmes. Elle se comporte comme si la devise trinitaire tenait lieu de tout. On observe son sentiment de supériorité dans le domaine colonial. Jules Ferry le pensait : on allait apporter la culture et la civilisation à ces pauvres Noirs si peu développés. C'est plus criant encore à l'égard des femmes. La France hérite de la loi salique, instaurée par les juristes du XIVe siècle pour leur interdire l'accès au trône et, à la différence des autres pays européens, la reine n'est que la femme du roi. La Révolution française, on le sait, exclut les femmes du droit de vote, les rangeant parmi les « citoyens passifs », aux côtés des mineurs, des étrangers, des pauvres et des fous. Et puis, on a immolé le roi. La République s'est fondée sur ce sacrifice suprême. Le sang a coulé. C'est une dimension sacrée, or le sacré ne peut être incarné que par un homme. Enfin, au XIXe siècle, on veut organiser la société différemment, en séparant le public et le privé, des « sphères » qui seront le quasi équivalent des sexes. Le public, avec le politique, devient l'apanage des hommes. Sous leur tutelle, le privé est confié aux femmes, avec l'idée que c'est le lieu du bonheur… Les femmes n'ont pas à se plaindre, elles sont les prêtresses du bonheur. Pour nombre d'entre elles – et pour les hommes –, cette idée est apparue comme une sorte d'évidence. Après tout, pensaient certaines, ce n'était pas si mal… Cet assentiment a fait que le féminisme a d'abord été une action isolée avant de devenir un mouvement collectif. La théorie du public et du privé était fondée sur le consentement des hommes, mais aussi des femmes. La galanterie en était l'ornement. L'important dans l'évolution d'une société, disait Michel Foucault, ce sont les moments où l'on observe des ruptures d'évidence. Des moments où ce qui était évident, cesse de l'être. Cela dure souvent plusieurs siècles, jusqu'au jour où l'on se dit: comment a-t-on pu penser ainsi? Penser qu'il est normal que les Noirs ou les femmes soient dominés parce qu'ils sont inférieurs et qu'il s'agit d'une hiérarchie « naturelle » ?

La quête d'égalité mobilise-t-elle encore ?

Plus que jamais. Il me semble que la crise du Covid-19 a fait apparaître des inégalités et nous y a rendus plus sensibles. C'est une plaie vive. Les inégalités de logement sont un problème criant pour tous les gens entassés dans quelques mètres carrés. Même si le mouvement des Gilets jaunes a montré que ce n'était pas nouveau, la crise n'a rien apaisé et elle va nourrir les revendications égalitaires. Il existe une dualité dans la société qui va perdurer après cette crise. Les problèmes économiques, le chômage, les difficultés scolaires aggravées des enfants, et aujourd'hui les violences policières à caractère raciste, ne peuvent qu'attiser le sentiment des inégalités. Et cela, partout dans le monde. Il y a une aspiration mondiale à la dignité et à l'égalité de tous les êtres humains – et peut-être de tous les vivants.

Propos recueillis par Éric Fottorino

Ce sont les inégalités qui menacent la fraternité

*Cynthia Fleury**

*   *Le 1* n° 307, « Sororité - Fraternité », 29 juillet 2020.

Vous avez donné un cours sur la fraternité. Dans quel contexte ?

C'était dans le cadre du master en sociologie « Politique et économie de la protection sociale », dirigé par mon collègue Jean-Louis Laville au Conservatoire national des arts et métiers. En déroulant la grande historiographie de la solidarité, on travaille nécessairement sur des notions connexes, et sur ce qui les différencie : mutualisme, corporatisme, communautés et *commons**, fraternité.

Il est intéressant de comprendre cette dialectique des valeurs qui caractérise la France : une république construite autour d'un modèle de solidarité publique, qui a

* *Commons* : un espace ou une ressource dont l'usage est partagé par une communauté de personnes.

fait de la question sociale la question politique par excellence de la fin du XIXe siècle, qui a cherché à « concrétiser » l'État de droit par l'État social… et qui arbore en même temps dans sa devise la notion plus sacrée de fraternité.

En quelques mots, comment définissez-vous la fraternité ?

Il existe au moins trois manières de la définir : la première renvoie à la dimension religieuse, monastique, celle qui considère que nous ne faisons qu'un dans le corps du Christ, que nous sommes une même humanité fraternelle. La fraternité y est une forme d'incorporation divine, et de vie en communauté fermée, recluse. La deuxième approche, révolutionnaire, accompagne la naissance de la Ire République, ou comment l'An I représente une nouvelle ère pour les hommes, tous égaux, et frères, dans leur humanité mais aussi dans leur citoyenneté. La fraternité révolutionnaire est une fraternité des Lumières, de l'humanisme. Néanmoins, dans cet idéal transparaît ce que Sartre avait appelé une fraternité de terreur : il y a les « amis » de la République, les citoyens-frères de la République indivisible, et les ennemis. Cette binarité, ce radicalisme fort dans l'idéal révolutionnaire vont disparaître dans la troisième définition possible de la fraternité, celle de 1848 et, au-delà, jusqu'à nos jours : non pas la sacralisation d'une dimension divine de l'humanité, mais la sacralisation d'un « ici et maintenant », incarné par la République, qui unit les hommes dans leur humanité sociale.

Il faut comprendre que la Révolution française a créé la fraternité laïque, ou ce que j'avais appelé, dans *Les Pathologies de la démocratie**, la transcendance sans le dogme, une manière pour elle de sacraliser les principes de la démocratie républicaine, en lieu et place de Dieu. Régis Debray a beaucoup développé cette approche, avec son « moment fraternité** ». Il existerait

* Cynthia Fleury, *Les pathologies de la démocratie*, Paris, Fayard, 2005.

** Régis Debray, *Le moment fraternité*, Paris, Gallimard, 2009.

dans toute société, selon lui, un « invariant sacral », et la fraternité pourrait le symboliser. Il est clair que cette notion, dans notre devise républicaine, contient tout cela à la fois : notre fraternité laïque et sociale est sacralisée en lieu et place d'une fraternité christique ou plus spirituelle. La République fait de nous des frères que nous ne sommes pas sans elle. Après 1848, et la naissance de l'État social, nous pouvons poser que la République sociale et solidaire fait de nous des « frères », dissemblables mais égaux en droits. Nous aurions pu changer notre devise en remplaçant *Fraternité* par *Solidarité*, mais le peuple français reste attaché à cet idéal d'indivisibilité, symbolisation très forte de l'humanité tout entière et non des seuls ressortissants nationaux. Notre fraternité française est républicaine et internationaliste. La solidarité n'est pas exclusivement nationale, du moins dans notre idéal. La traduction laïque de la communauté divine, c'est la fraternité dans son acception universaliste.

Dans le premier registre de la communauté religieuse, quelles figures incarnent la fraternité ? Le Christ, les saints ?

Tout ce qui appartient à la communauté du Christ, tous ceux qui se définissent comme « frères » et « disciples », et qui adoptent un style de vie ordonné selon des règles « autres », qui font écho à la Jérusalem céleste, à la communauté éternelle des hommes. Cette fraternité monastique unit les hommes ici et au-delà, et toutes les communautés religieuses l'ont traduit en actes, des Bénédictins aux Dominicains, en passant par les Cisterciens et les Franciscains, et d'autres plus tard, parmi lesquelles les plus politiques, à savoir les Jésuites.

En dehors du religieux, qui, dans l'histoire, a incarné la fraternité ?

Il y a bien sûr les hommes des luttes et des résistances politiques et sociales, parmi lesquels des figures historiques, encore aujourd'hui très populaires et inspirantes :

Martin Luther King, Gandhi, et plus généralement ceux qui appellent à la non-violence, l'histoire des hommes libres et égaux ne pouvant, selon eux, advenir qu'à cette condition. La non-violence n'est pas une absence d'action, elle est l'action par excellence, celle qui permet de faire durablement fondation. On peut donc sans doute citer aussi Mandela, dans son dernier moment *ubuntu**, après qu'il eut précisément renoncé à la lutte violente. Viennent ensuite des figures hybrides, issues du religieux et de la société civile, comme l'abbé Pierre. Bien sûr, tout homme politique peut se revendiquer de la fraternité, même si cela relève souvent de l'instrumentalisation communicationnelle. C'est une notion difficile à manier pour un représentant politique, car il y a

* Le mot *ubuntu*, issu de langues bantoues du sud de l'Afrique, désigne une notion proche des concepts d'humanité et de fraternité. En Afrique du Sud, ce terme a été employé, notamment par Nelson Mandela et Desmond Tutu, pour dépeindre un idéal de société opposé à la ségrégation durant l'apartheid, puis pour promouvoir la réconciliation nationale.

quelque chose de « transgressif » dans la fraternité : précisément sa sacralité, son pas de côté, le fait qu'elle soit du côté de la légitimité (l'éthique, la question du juste) et non de la légalité (le droit).

Et aujourd'hui, quelles sont pour vous les œuvres qui illustrent la fraternité ?

Dans sa version cinématographique romanesque, il y a les films de Capra. Aujourd'hui, je la vois en acte dans les réseaux privés sur WhatsApp, les organisations des *commons*, les mouvements sociaux internationaux, les marches des jeunes pour le climat.

Dans la devise républicaine, Liberté *et* Égalité *sont des droits ; on peut penser que la* Fraternité *est soit un devoir, soit une valeur morale. Est-elle le parent pauvre ?*

D'abord, ni la liberté ni l'égalité ne sont exclusivement des « droits », sinon la première serait toute-puissance et la deuxième tournerait à l'égalitarisme.

De même, la fraternité républicaine n'est pas imposée comme un devoir, mais consentie – le « contrat social » promis par l'État de droit cherche à la rendre désirable. Nous voyons cette devise en trompe-l'œil, par un défaut d'optique, comme s'il y avait d'un côté les droits et de l'autre le devoir, alors que tout est dialectique. La fraternité révolutionnaire était très normative, au sens où, si nous faisons partie du même corps, gare à celui qui veut s'en soustraire ; mais la fraternité qui naît avec 1848, et qui se consolidera avec la IIIe République, est une fraternité qui touche davantage à la question sociale naissante – elle concerne la notion d'assistance sociale et publique, autrement dit la matrice de ce qui deviendra plus tard la Sécurité sociale. Aujourd'hui, nous sommes les enfants de 1848 plutôt que ceux de la Révolution. Je trouve désastreux que l'on puisse faire de la fraternité un parent pauvre, que l'on veuille concrétiser en droit positif la liberté et l'égalité, puis que l'on juge, pour la fraternité, que l'horizon désincarné suffira. Comme disait Althusser, c'est « l'Internationale des bons sentiments* ». Au contraire, ces trois termes ont tous des dimensions symboliques et normatives : ce sont des principes formels qui ont l'obligation de se traduire concrètement.

Dans notre époque contemporaine, cette notion de fraternité a-t-elle repris des couleurs ou une dimension plus forte ?

1985, avec le slogan « Touche pas à mon pote », lancé lors du grand concert de SOS Racisme, a incarné la fraternité, avec une coloration spécifique : celle du retour de la gauche au pouvoir quatre ans plus tôt. La gauche représente une tradition dans laquelle la notion de fraternité se combine avec celle de l'altérité : on est frère avec l'autre, avec celui qui ne nous ressemble pas, voire qui n'est pas de notre pays. La droite, plus traditionnellement, incarne une fraternité du même, du semblable, de la patrie.

* Louis Althusser, « L'Internationale des bons sentiments » (1946), *Écrits philosophiques et politiques 1*, Paris, Stock/IMEC, 1994.

Où mettre le curseur de l'altérité dans cette notion de fraternité est le point sur lequel divergent ces deux courants politiques.

Aujourd'hui, l'économie solidaire et les *commons* sont des héritiers de ces moments de fraternité où l'on cherche à combiner un vivre-ensemble respectueux des équilibres naturels, biosphériques, mais aussi des vulnérabilités individuelles. Avec eux s'invente une gouvernance « endogène », portée par les parties prenantes elles-mêmes qui, bien que différentes, sont jugées égales en dignité, voire en pouvoir. La philosophie morale dite du *care* relève également d'une telle conception.

Puis, il y a bien sûr les moments liés à la « catastrophe », lorsque le corps de la nation est attaqué dans sa sacralité et dans son indivisibilité. On pense évidemment aux attentats terroristes de janvier 2015 et à cette grande marche qui a suivi. Cependant, dans le slogan « Je suis Charlie », on voit bien que notre approche même de la fraternité passe par le « je ». On n'a pas dit : « Tu es mon frère » ou « Charlie est mon frère ». Ce n'est pas la figure de l'autre qu'on a soulignée mais la figure de soi, qui est tuée à travers celle d'un autre.

Cette période assez étrange que nous avons vécue avec l'épidémie et les craintes que celle-ci a soulevées a-t-elle restauré ou abîmé les liens de la fraternité ?

Dans un premier temps, je pense que le consentement au confinement reposait sur le sentiment qu'ont eu les Français d'être fraternels. Ils n'ont pas mis en avant la restriction de liberté. Ils ont considéré que par ce geste-là, ils produisaient un comportement collectif, une obligation de responsabilisation qui, par certains côtés, peut avoir des allures de « liberté positive ». Ils témoignaient du corps indivisible. En se confinant, on allait normalement protéger le maximum de personnes. C'était ça, le contrat implicite, jusqu'aux remises en cause normales de l'efficacité de cette obligation, avec aussi la réalité du coût humain et du risque de mort sociale qui sont apparus depuis. Les gens ne sont pas nécessairement moins fraternels maintenant, mais la définition de la notion bouge, ou plutôt le contexte se modifie et modifie le périmètre auquel est censée s'adresser la fraternité : certes, il y a eu environ 30 000 morts* en France, mais des millions de vies seront bouleversées par la crise socio-économique, pour des années. *Idem* avec le masque : en contexte normal, en porter un de façon permanente attente à la civilité, à la pacification sociale, à la confiance – tendre la main, offrir son visage à l'œil, sont forcément des signes de paix et de fraternisation possible –, mais en contexte épidémique, il faut donner au masque une autre signification, celle de la prise en considération de la santé de tous – la mienne, mais aussi celle des plus vulnérables. Porter un masque signale que l'on se soucie de ce « réel ». Tout l'enjeu, ensuite, est de monter en gamme dans la question de la prévention sanitaire, sans pour autant devenir un hygiéniste paranoïaque.

* À la date de l'entretien.

Qu'est-ce qui menace la fraternité, aujourd'hui ?

Les inégalités. On revient à la dialectique du fronton républicain. Les êtres humains ne refusent pas les épreuves, s'ils ont le sentiment d'un réel partage des risques face à elles: on est d'accord pour traverser l'épreuve si ceux-ci sont mutualisés, si les inégalités nouvelles qui naîtront de cette nouvelle situation sont partagées. Ce qui peut mettre en danger la fraternité demain, c'est l'existence de passe-droits, le sentiment que certains ont davantage les moyens de traverser les difficultés que d'autres. Ce ressenti pourrait produire une fragmentation très forte. Sans oublier que nos sociétés ont perdu la culture de la fraternité: nous en avons une culture déclarative, mais plus une culture normative, « incorporée » – c'est-à-dire qui transforme réellement le vécu collectif et individuel.

Pourquoi ?

Parce que nous sommes des sociétés individualistes qui manquons la complexité de l'idée d'individuation : la fraternité n'est même plus un droit ou un devoir, elle est une belle idée, un vœu pieux. Nous oublions le caractère structurant, édifiant, de la fraternité, au sens où elle nous constitue en tant que société et aussi en tant qu'humains. Donc les inégalités sont un réel problème pour la fraternité, mais ne nous leurrons pas, nous avons aussi un vrai problème de déficit de culture incorporée de la fraternité.

À quel moment de notre vie collective, de notre histoire, cette fraternité a-t-elle été vraiment vécue et incorporée, avant d'être amoindrie par l'individualisme ?

Sincèrement, je pense n'avoir jamais connu cette époque. Or si j'écoute ma grand-mère, la fraternité existait bel et bien dans les années 1920-1930, de façon très ordinaire, dans la société française.

Après 1945, les Français ont vécu la Libération et la reconstruction, peut-être aussi l'envie de se séparer de tout ce qui avait précédé, de solder « l'étrange défaite » comme l'a nommée Marc Bloch*, d'oublier. Le desserrement du lien a progressé davantage encore au cours des Trente Glorieuses, et les années 1980 signent l'apothéose de l'ère individualiste. Il faut rappeler néanmoins que l'incorporation de la fraternité, son vécu au quotidien, est très lourd, étouffant, comme peut l'être un lien communautaire invasif. Il ne s'agit pas de revenir à cette vision des choses, mais pour l'instant nous n'avons pas encore trouvé la médiane entre une certaine façon de concevoir la fraternité, qui peut aboutir à un sentiment d'aliénation, et l'indifférence qui vire aussi à la réification**. La solidarité est peut-être notre manière la plus sûre, même si elle est exclusivement profane, de vivre la fraternité.

* Marc Bloch, *L'étrange défaite*, Paris, Franc-Tireur, 1946.

** Réification : la réduction des personnes à des choses.

En quoi la fraternité peut-elle être pesante ?

À cause de la logique de don et de contre-don mise en lumière par l'anthropologue Marcel Mauss*. La dette envers l'autre ne s'arrête jamais : elle est perpétuelle, intrinsèque, incorporée. Depuis, la culture démocratique individuelle a de plus été couplée au délire de l'argent qui, lui, est plutôt une force de séparation : l'argent clôt l'échange, la dette symbolique cesse enfin.

L'argent clôt ?

Oui, il clôt : vous donnez de l'argent et vous n'avez plus rien à devoir. Or la fraternité est un enfant de l'économie du don et du contre-don. La dette est infinie – réciproque, mais infinie.

Certains estiment qu'en payant des impôts, ils se défaussent du devoir de fraternité sur l'État et ses services. Qu'en pensez-vous ?

---

* Marcel Mauss, *Essai sur le don*, Paris, PUF, 1968 [1923-1924].

Notre société est marquée par l'avènement de la question sociale comme question politique. Comme l'a décrit Durkheim, on ne laisse plus la compassion, l'obligation de charité, à la société philanthropique civile ou religieuse. Cette obligation devient politique, elle sort alors de la morale ou de la spiritualité. Elle se dé-moralise, se désindividualise pour devenir administrative, voire bureaucratique, avec le risque de déshumanisation que cela implique, et qui est ressenti par beaucoup de ceux qui bénéficient des aides allouées. Celles-ci devraient être automatisées. Au lieu de cela, les individus doivent prouver, via des indicateurs, qu'ils sont des « victimes » pour pouvoir les toucher. Nous avons inventé, après la tarification à l'activité, la fraternité à l'activité.

Quelle est la différence entre ce qu'on appelle le care *et la fraternité ?*

Dans le *care* (que l'on peut traduire par le « soin », la sollicitude, le souci de l'autre), comme dans la fraternité, le pilier qui structure le jugement moral n'est pas l'intérêt du moi. Dans les deux cas, le sujet se décentre pour prendre en considération le point de vue des parties en présence, notamment celui des plus fragiles dans leur vulnérabilité. En revanche, le *care* se positionne d'emblée hors d'une sacralité qui reste la vérité de la fraternité. Dans les années 1950, le psychanalyste anglais Donald Winnicott* a établi les premières différenciations entre le *cure* (« guérir », en objectivant la maladie, au risque de chosifier le malade) et le *care* (« soigner », en prenant en considération la personne). Il va démontrer que le *care* est ce geste fondamental en amont de tout, un geste comme matriciel. C'est la préoccupation primordiale de la mère – archétype du geste thérapeutique. Winnicott parle d'« élaboration imaginative » : par son soutien, le parent – en l'occurrence, la mère à cette époque de la vie – donne à l'enfant un sentiment de confiance dans le

* Donald Winnicott (1896-1971) est un pédopsychiatre et psychanalyste britannique.

monde. Il estime alors qu'il peut espérer, qu'il peut attendre quelque chose de ce monde.

Propos recueillis par Éric Fottorino

Table des matières

La Clairière des LIVRES

Pour chaque titre d'un livre imprimé, un arbre est planté dans une forêt de 15 hectares en Centre Bretagne.

www.typolibris.fr (by Printcorp)

Pour limiter l'empreinte environnementale
de leurs livres, les éditions de l'Aube
font le choix de papiers issus de forêts durablement
gérées et de sources contrôlées.

Achevé d'imprimer en mai 2021
sur les presses de l'imprimerie Print Corp
pour le compte des éditions de l'Aube
331, rue Amédée-Giniès, F-84240 La Tour d'Aigues

Numéro d'édition : 4390
Dépôt légal : juin 2021
Numéro d'impression : 21040370

Imprimé en Europe